ISBN 978-0-259-97571-7
PIBN 10618428

English
Français
Deutsche
Italiano
Español
Português

www.forgottenbooks.com

Mythology Photography **Fiction**
Fishing Christianity **Art** Cooking
Essays Buddhism Freemasonry
Medicine **Biology** Music **Ancient
Egypt** Evolution Carpentry Physics
Dance Geology **Mathematics** Fitness
Shakespeare **Folklore** Yoga Marketing
Confidence Immortality Biographies
Poetry **Psychology** Witchcraft
Electronics Chemistry History **Law**
Accounting **Philosophy** Anthropology
Alchemy Drama Quantum Mechanics
Atheism Sexual Health **Ancient History**
Entrepreneurship Languages Sport
Paleontology Needlework Islam
Metaphysics Investment Archaeology
Parenting Statistics Criminology
Motivational

OSKAR FRIED

DAS WERDEN EINES KÜNSTLERS

VON

PAUL STEFAN

MIT ZWEI KUPFERDRUCKEN NACH BILDERN
VON LOVIS CORINTH UND MAX LIEBERMANN
UND EINER NOTENBEILAGE

BERLIN

ERICH REISS VERLAG

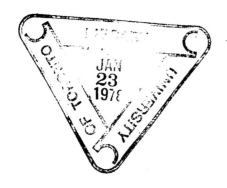
ALLE RECHTE VORBEHALTEN

»Immer werde ich der gleiche sein, immer gleich mein Feuer.«

Immer habe ich in meinem Leben das Wort gefunden und solche, die ihm glichen. Glühen und Glut werden eins. Wir lodern alle vom selben Brand, die wir Flamme sind. So führte es mich zu Oskar Fried. So werbe ich jetzt für ihn, wenn mich auch Raum und Zeit von ihm trennt, werbe, weil ihn ein sinnloses Begebnis irgendwo in einer sinnlosen Welt zurückgeschlagen hat und eine verlegene Stille um ihn war und keiner mehr, so schien es, der Mut und Lob für ihn hatte, wie in seinem Anfang; werbe, weil ein neues Bild von ihm gerade jetzt gefordert wurde, Musikern zur Freude, Musikanten zum Trotz. Masse und »Betrieb« ist heute alles, und die Masse sagt:

auch, auch, auch. Mahler, ja, das war ein Leitender, ein Führer; aber der und der ist auch ein Dirigent. Auch: sie gehören zusammen, die Bekenner des Auch. Wir sagen: nur. Ihr fühlt es oder fühlt es nicht. Ihr erlebt Himmel und Hölle in fünf Takten, die euch einer gibt, oder ihr erlebt gar nichts und habt nichts zu erwarten. Darum keine Objektivität, keinen Historismus für Gegen=wart und Zukunft, keine Musikschriftstellerei, keine Langeweile. Eine »Kultur des Enthusiasmus« tut not. Novalis, der herrliche Novalis, hat sie geahnt, geschaut, gewiesen. Ist denn noch Zeit, zu gehen, da wir laufen, stürmen, fliegen müssen?

Und Fried war ein Beispiel, ein Trost, ein Ça ira. Ein Berliner aus märkischer Musikantenlehre, Horn=bläser, Zigeuner, verbummelt, ohne Schule, ohne Bücher und Meister, halb verhungert und fast schon tot; und plötzlich Künstler, plötzlich schöpferisch, plötzlich, an einem Abend, Herrscher über die Hunderte der Sänger und der Instrumente; und einen Tag später berühmt und im Munde dieser wunderbaren Stadt, die so gerne lästert, aber lieber noch Ernstes mit ernstem Glauben preist. Und die Jahre vergehen, der Alltag gräbt, und weiter, immer weiter, auch im Raum, wird sein Acker: der Mann bleibt, der er war, bereit, sich an einen Augenblick hinzuwerfen, wenn es die Leidenschaft verlangt, an ein Thema, an einen Einsatz, aber auch an einen Menschen, dem er glaubt, an ein Werk, das

10

er predigt. Er schenkt Eigenes und es folgen Zeiten des Mangels, des Zweifels, der Verlassenheit, Stunden, Tage, an denen er nicht lebt. Aber ein Blitz bringt neues Licht, neues Erkennen und neue Wege, neue Schächte tun sich auf; brausend klingt sein Glaube. Draußen, in der jungen Siedlung am Nicolassee steht sein Haus, lebt er mit den Seinen (und mit Hunden). Doch es ist die ferne Stadt, der er lebt; die Stadt, die schätzt, wenn sie gleich verkennt und vergißt, die Stadt, deren Fieber man sucht, ob man es auch meidet, die Stadt, die Fried so viel geholfen, die ihm Menschen aus aller Welt zugeführt hat, daß er ihnen in alle Welt folge. Der Welt gehört er schon und gehört ihr mehr und mehr. Und vielleicht wird ihm seine Stadt, wenn er dann aus der Welt zurückkehrt, geben, was sie ihm heute noch versagt, eine festere Stütze und die größere Ruhe, die freiere Arbeit. Der Mann und die Stadt, sie brauchen, sie rühmen einander.

Von ihr kommt er her: mit seinem Ernst, mit seiner Wucht, mit seiner Freude am Werk, an der eroberten Musik, mit seinem Glauben, mit seinem Übermut, seiner Sprache, seinem Spott. Am zehnten August sind es vier= zig Jahre gewesen, daß er lebt. Dieses Leben zu erzählen, ist nicht ohne Bedeutung, und auch von Werdenden, auch von solchen, die in der übersinnlichsten Welt, in der Musik leben, ist gut sprechen, wenn nur Leben durch ihr Tun rauscht. So habe ich das Ereignis Gustav Mahler zu fassen gesucht, so will ich das Bild des Oskar Fried von heute gestalten. Denen, die es vor Jahren und vor wichtigen Jahren taten, Paul Bekker und Hugo Leichtentritt, folge ich mit herzlichem Dank.

Die Musik packt den Menschen in der Kindheit. Oskar Fried begann mit der Geige und spielte mit sechs Jahren leichtere Konzerte. Mit neun wurde er Lehrling (bis dahin war er an einer Schule gewesen; dann fehlten die Mittel), nämlich Lehrling der Musik, die sich bei rechten Stadtmusikanten noch erlernen läßt, mit denselben Mitteln und Erfolgen wie sonst ein kleines Handwerk. Wie dort ist der Knabe, und Paul Bekker behauptet das, Kongresse von Lehrern bestätigen es, noch für die gegenwärtige Gegenwart, zunächst Diener des Meisters und der Frau Meisterin in Haus, Hof und Küche. Erst wenn die in Ordnung sind, kann geübt werden. Dann hallt das ganze Haus vom Lärm, zwanzig Burschen und mehr bearbeiten ihre Instrumente. Der Meister oder Gehilfe und selbst ältere Lehrlinge führen die Aufsicht. Das Können kommt wohl von selber, denn am Ende sind die Stadt-, Dorf- und Wiesenmusikanten fertig und gehen irgendwohin in die Welt hinaus.

Das wäre also die Stadtpfeiferei, wie sie noch ist. Wir törichten Schwärmer, die wir wissen, daß man auch an Konservatorien und bei »tüchtigen Musikern« um Zeit und Jugend geprellt werden kann, sind noch immer gerührt, wenn wir das Wort Stadtpfeiferei hören, denken

Nach dem Gemälde von Max Liebermann

an die braven Leute von einst, an Organisten und an Bläser auf dem Rathausturm einer beschneiten Stadt, und fragen, wo man es schlimmer hat. Und hören denselben übeln Trost: große Begabungen sind nicht zu verderben. Wenn die Lehre in Nowawes bei Potsdam noch so schlecht war, Fried hat sie überstanden. Der Lehrling, der mit seiner großen Trommel in den Dörfern die Nacht durch spielte und, weil ein zwölfjähriger Mensch schlafen will, mit Bier, Schnaps und Zigarren wach erhalten werden mußte, vertrug das Handwerk und kam als guter Hornist und »Gehilfe« am Ende der Lehrzeit nach Neu‿Branden‿ burg. Später ging es gar nach Libau und Petersburg in Rußland, dann wieder nach Berlin, und mit dem Konzert‿ hausorchester Meyders einen Sommer lang überall herum; schließlich nach Frankfurt am Main. Der Hornist des Palmgartenorchesters durfte sogar einmal dirigieren. Es ging aufwärts. Noch nicht zwanzig Jahre alt, saß er im Orchester der Frankfurter Oper. Der Wandermusikant war zum erstenmal an einer Stätte ernster Kunst. Und sogleich rang sich der Künstler los.

Fried, der Unstete und Planlose, fand einen Menschen, der auf ihn achten lernte. Solche Menschen fand er immer und überall, und ihnen, Dichtern, Malern, Ärzten, Unternehmern, Vereinsvorständen, schien er gerade der rechte. Jeder brachte ihn ein Stück weiter, half ihm, gab ihm, was er konnte, hatte und wußte, und Fried nahm von jedem an. So hat er ohne Lehre und Lehrer seine merkwürdigen und genauen Kenntnisse der Welt und ihres Wissens und Könnens erlangt. Er ist auch durch den Glauben aller dieser Menschen an ihn gefördert und gefestigt worden. In dieses schönste Verhältnis des Gebens und Nehmens treten freilich nur Geltende. Die aber gehen, und das ist der Trost, auf Umwegen ihren Weg, und aller Widersinn des Lebens wird ihnen Sinn und Ziel.

Der erste von denen, die Oskar Fried den Weg kreuzten, war Humperdinck, der damals in Frankfurt lebte; sogar der Komponist Humperdinck, der inmitten des triumphierenden Verismo selbst die Triumphe von Hänsel und Gretel vorbereitete. Er nahm den jungen Mann zu sich und gab ihm Unterricht. Denn bishin konnte Fried außer seinem Geigenspiel nur Horn blasen und Trommel schlagen. Humperdinck ist ein Lehrer von Ruf und Ruhm. Aber auch der Schüler wird im Flug gearbeitet haben. Bald half er beim Klavierauszug des Märchenlustspiels und schrieb eine Orchesterphantasie über diese Musik, die sehr beliebt wurde, noch heute sein »einträglichstes« Werk. Dem Verlag Schott besorgte er verschiedene Einrichtungen für Klavier und Orchester.

In derselben Zeit formte sich ihm Eigenes. Einige Lieder, als Opus eins in einem Frankfurter Verlag erschienen, waren mir nicht zugänglich; Fried mißt ihnen keine Bedeutung mehr bei. Aber schon Opus zwei ist ein Werk von besonderer Art, ein »Adagio und Scherzo«

für Blasinstrumente, zwei Harfen und Pauke. Die Parti=
tur, bei Breitkopf und Härtel verlegt, zieht die Summe
aus dem Leben des etwa zwanzigjährigen Musikers.
Seine reiche Erfahrung als Orchesterbläser hat ihm eine
Künstler= und Könnerliebe zum schönen Klang gegeben.
Anders als sonst der Komponist, der für das Orchester
erst theoretisch ausgebildet wird und nur durch vieles
Hören mit dem Wesen der Instrumente und namentlich
der uns Streichern oder Pianisten fremden Blasinstru=
mente vertraut werden kann, hat Fried eben zu diesem
Wesen sein Werk ersonnen. Wer selbst da oder dort an
einem Pult des Orchesters gedient hat, weiß, wie man,
erst mit der eigenen Stimme und dem Dirigenten ängstlich
beschäftigt, allmählich auch auf den Nachbar achten
lernt. So sind auch bei Fried nicht bloß die (drei) Hörner,
sondern auch gerade die Holzblasinstrumente, drei Flöten,
zwei Oboen, Altoboe, zwei Klarinetten mit Baßklarinette,
zwei Fagotte und Kontrafagotte nach Lage und Linie
virtuos verwendet, und die beiden Harfen wie die Pauke
rauschen und wirbeln gute Arbeit. Eine Instrumenta=
tionslehre für Blasinstrumente nennt Bekker diesen zweiten
Versuch und weiß nicht, was er mehr bewundern soll,
die Treffsicherheit und Gewandtheit des Komponisten,
der schon gut ein Dutzend solcher Werke geschrieben
haben könnte, oder das echte Empfinden des Tondichters,
der sich hier verkündigt.

Ein Dichter spricht aus dem Adagio der Einleitung,

als welches sich der langsame Teil des Stückes gibt. Sie ist auf den Klang der Bläser und den Glanz der Harfen gestellt, deren Glissando als Antwort auf das Klopfen der Holzbläser unter gedämpften Horntönen ins Scherzo wie in die Haupttonart mündet. Auch in diesem Scherzo tritt ein mehr mitreißendes als tragendes Thema auf, das sich ziemlich rasch wiederholt und anmutigen Zwischen= sätzen Raum gibt, rascher hinstürmend wiederkehrt und zum Schluß drängt. Man braucht Aufbau, Melodik und Harmonik gar nicht zu überschätzen und kann doch sagen, daß das Werk da ist und sich, für gute Spieler geschrieben, seiner Fülle und seines Wohllautes freuen möchte.

Auch unter den frühen Arbeiten von Richard Strauß stehen zwei Serenaden für Blasinstrumente, auch sie aus persönlichen Beziehungen zu diesen Instrumenten ge= staltet. Leider wird solche Musik kaum mehr gepflegt. (Eine Vereinigung von Bläsern des Wiener Hofopern= Orchesters, die Bläserstücke spielen wollte, tat es ein paar= mal in leeren Sälen.) Oskar Fried hat sein Opus zwei recht selten gehört.

So war er mit dem Beginn der zwanziger Jahre schöpferischer Musiker geworden. Der Quell schien später oft und oft zu versiegen, wenn er nach immer ferneren Städten und Ländern die Werke anderer immer häufiger hinauszutragen hatte. Heute, da er vierzig Jahre alt ist, hat er nur fünfzehn Werke erscheinen lassen und zumeist Hefte mit wenigen Liedern zu einem Opus vereinigt. Es gibt manche, die ununterbrochenes Fließen, immerwährendes Vorhandensein des Vermögens zu gestalten für den wahrhaft Schaffenden fordern. Und wirklich haben viele Meister in ihrer Kunst nahezu ohne Unterlaß geschenkt und gegeben. Aber auch den Größten von ihnen reiften nicht alle Früchte, und andere haben mühsam und selten und schwer gearbeitet. Der Rhythmus des Lebens, das wir jetzt führen, verlangt eine große Stille zum Ausgleich. Und manche brauchen mehr Abgeschiedenheit und eine vollkommenere, als ihnen wird. So schweigt die Stimme in uns, schweigt lange, und der Fels bleibt hart. Zweifel werden laut; sie steigern sich zur Verzweiflung. Und keine Qual im Geistigen ist grausamer als die des gehemmten, des tragischen Schaffens. Um so mehr freut jeder gewonnene Frühling. In der Natur wächst das Vollkommenste am langsamsten. Wer also an das Erlebnis des Gestaltens rührt, brauche größere Zartheit und Vorsicht. Mancher, auf den sie Anspruch haben wollen, muß sich anders ausgeben als sie ahnen, so daß er die wahre Abgeschiedenheit, die not tut, schwer und schwerer findet. Mancher muß dirigieren und mancher muß leben.

In der Zeit des Bläserstückes mußte Fried leben, mehr noch leben als lernen. Ein unbotmäßiger Jünger, verließ er den Lehrer, der ihn bedauerte und verloren gab, verzichtete auf die Sicherheit des Frankfurter Haltes, ließ alles im Stich und ging, dem irren Drang vertrauend, auf eine Wanderschaft, die kein Beruf und kein Orchester=spiel rechtfertigen konnte. Von seinen Freunden ließ einer um den andern von ihm und einer nach dem andern von neuen Menschen nahm ihn auf. Im dritten Jahr ging er von Humperdinck, schied er von Frankfurt. 1894 ist er in Düsseldorf. Buths begegnet ihm und ist in seiner reichen Musikerbildung ein neuer Mittler. Die Maler dieser regen Stadt bieten das Ihre. Aber wiederum nicht lange. Fried geht nach München. Dort ist in der ersten Zeit des jungen Simplizissimus ein toller Überschwang, eine wirre Seligkeit des Versprechens und der großen Worte. Hamsun, Wedekind, Thomas Theodor Heine und Bierbaum werden Frieds Genossen. Aber der Tollste, Wildeste war Fried. Nicht der »dämonische« bohémien, der der Sentimentalität des Philisters dient, als welcher sich satt und gesichert weiß und mitleidigen Blicks dem »Opfer ungeordneter Verhältnisse« folgt. Nein, Oskar Fried war der glücklich Genießende, von Amt und Pflichten ledig, einzig und allein bedacht, zu leben, um aufzunehmen. Und noch war für ihn die Zeit nicht da, in der ihm Leben Abnehmen, Angegriffensein, Leiden bedeutet hätte. Buntheit und Wechsel galt ihm als Höchstes. Zu allem kam er, allen war er einer, der zählte. Und wieder ersteht ein Förderer, Hermann Levi, der Generalmusikdirektor. Er war von den Komposi=tionen dieses von der Zunft fast aufgegebenen Menschen

18

betroffen, sorgte, daß sie gedruckt und verlegt wurden, und bestimmte Bierbaum, Fried das Spiel »Die vernarrte Prinzeß« als Dichtung für Musik zu überlassen. Die Oper wurde später komponiert, auf einer wirren Wande= rung durch Südtirol, Italien und Frankreich. Sie sollte zur Eröffnung der Künstlerkolonie in Darmstadt aufge= führt werden und Peter Behrens hatte schon die Zeich= nungen vollendet. Es kam nicht dazu. Die Freundschaft mit Bierbaum zerfiel und ein Richterurteil schuf so viel Ungewißheit, daß man das fertige Stück wohl begraben glauben muß.

Heftiger schlugen die Wellen der drei Münchner Jahre; höher zu Berg und tiefer zu Tal rissen sie Fried. Dann packte es ihn und er ging nach Paris. Ging, wie es diesem Menschen und dieser Zeit angemessen war, infolge einer Wette, ohne Mittel, ohne Plan. Frank Wede= kind und Albert Langen stritten einmal, ob Fried der Mann wäre, sich ohne Geld in Paris zu behaupten, wet= teten und so bildete sich das Abenteuer. Fried bekam nur Geld für die Reise und die erste Zeit. Als der geringe Vorrat zu Ende war, fiel er ins schlimmste Elend. Er erinnerte sich keines Menschen, hatte die Sprache nie gelernt, war krank und lag ohne Hilfe in einem kleinen Hotel, außerstande nach einem Arzt zu senden oder die Miete zu zahlen. Da kam von ungefähr irgendwer, dem sein Verschwinden aus irgendeiner Gesellschaft aufge= fallen war. Fried war gerettet. Von da an ging es besser, und froheren Sinnes durfte er Paris gewähren lassen. Es war ihm wie so vielen Künstlern ein Erlebnis ohne gleichen, die Befreiung, wie sie Früheren Italien ge‚ worden ist, Suchenden von heute aber diese Stadt des Lichtes und der gestaltenden Luft. Fried spricht mit einer wilden Dankbarkeit, mit Sehnsucht von Paris. Mehr noch als sonst wurden ihm hier Menschen, von denen er lernen durfte, darunter Rops und Meier‚Graefe. Fried weiß heute um Malerei und Maler, als wäre er einer von ihnen. Ein zweites Jahr währte der Rausch. Dann ging er nach Berlin.

Damals, 1899, hat er geheiratet. Um leben zu können, wurde er Hundezüchter irgendwo in der Mark. Unab‚ lässig komponierte er, verwarf, arbeitete, besserte, lernte. Er nennt es seine eigentliche, seine rechte Arbeitszeit, was nun begann, da ein Haus ihn fesselte. Er kam zu Philipp Scharwenka und versenkte sich in den Kontra‚ punkt. Schon in den Liedern zeigen sich Spuren davon. Später sind ihm Canon und Fuge gereift, und so bereitet sich der große Wurf vor, das große Werk seines Lebens, sein »Trunkenes Lied«.

Von den Liedern ist das erste aus dem Werk drei, »Die schwarze Laute«, nach Worten von Otto Julius Bier‚ baum gesetzt. Fried hat vielen Gedichten von Bierbaum Töne gegeben; seine erste Lyrik krankt an Bierbaum. Ich habe nun die Antipathie und kann diesem erossüßen und jesusbangen, diesem erosbangen und jesussüßen

20

Getändel mit Beiworten, dem das Höchste nur verwend=
bares Ornament ist, nicht trauen. Welche Ausdrücke,
welche Vorstellung! In der Musik aber strömt eine
breite Melodie hin, harmonische Feinheiten prägen sich
ein und zimmern ein Gerüst für jenes Dunkel mit Rosen,
Orient und »Mystik«, das man gern »seltsam« nennt.
Imitatorische Stimmführungen melden sich an, und das
Ganze klingt und fließt. Im zweiten Lied »Schlagende
Herzen« wird aus dem Klang das bekannte Kling=klang.
Da kann die Musik nicht mehr als schelmisch, neckisch,
gefällig sein. Den Kehrreim unterstreicht sie sehr hübsch,
indem sie das Zeitmaß um die Hälfte verlangsamt. Ab=
gesehen von einigen verdächtigen Deklamationen stört
nichts die Glätte. Dagegen zeigt sich im dritten Lied
»Flieder« wieder ein schöner, weiter Aufschwung der
Melodie, nur daß sie der Gefahr der Süßlichkeit nicht
entgeht. Schließlich steigt die Singstimme tief unter die
mondnachtsilberglockenfliederduft=mimende Begleitung,
die die Klavierregion schon verläßt.

Im ganzen sind es vier Lieder, die, »Meinem Lehrer
Engelbert Humperdinck in unbedingter Verehrung ge=
widmet«, bei Deneke in Berlin (jetzt Eysold und Roh=
kraemer) als Opus drei erschienen ist. Dort ist auch Opus
vier herausgekommen, drei Lieder nach Bierbaum, Feo=
dora von Zobeltitz und Karl Henkell.

Opus fünf (Bote und Bock) sind abermals drei
Lieder. Ihr Erscheinen, 1901, fällt schon in die Berliner

Zeit und so rücken sie von den früheren ein tüchtiges Stück ab. Dafür ist auch gleich das erste jenes wunderbare Gedicht Nietzsches »Die Sonne sinkt«. »Tag meines Lebens, gen Abend geht's ... Schon läuft still über weiße Meere deiner Liebe Purpur, deine letzte zögernde Seligkeit.« Diese Stimmung des erhabenen, beruhigten Scheidens liegt in einer immer neu verrinnenden Begleitungsfigur, in einer edlen, ruhigen Melodie des Instruments, deren Linie fast zum Orchester und zu einer größeren Form drängt. Als zweites Stück der Sammlung steht abermals ein Bierbaum, doch ein ernsterer, zwar mit allerhand barocker Gewalt gebildet, aber nicht mit schaler Lieblichkeit spielend: »Der Tod krönt die Unschuld«. Das Wesen des Gedichtes ist rasch erfaßt, an der Stelle »Meine Fittiche sind weich und groß« in den tiefen Ernst des Geheimnisses versenkt, und für die erlöschende Dissonanz des Lebens ist in milden verminderten Septakkorden der sanfteste Ausdruck gefunden. Ein langes feierliches Nachspiel löst alles nach Dur. Das dritte Lied, »Meine Mutter sang über meiner Wiege«, ist nach einem Gedicht von Emanuel von Bodmann komponiert.

Als Opus sechs folgen ein paar Klavierstücke zu vier Händen »Für die kleine Hilde«, rechtes Kinderspielzeug. Zu Opus sieben sind wieder Lieder, diesmal sieben, vereinigt. Nietzsches Ruf nach der güldenen Heiterkeit klingt in wiegenden Achteln, die wie von Hörnern ge=

22

blasen da sind und häufig gewandelt wiederkehren. »So sprach ein Weib voll Schüchternheit«, ein einziges Auf= und Abschwellen der bewegten freien Begleitung, deutet die Seligkeit der Nüchternheit in die Seligkeit des Trun kenen um, und es ist wahrhaft Rausch in diesem Liede. »Venedig«, das dritte Gedicht nach Nietzsche: »Meine Seele, ein Saitenspiel, sang sich, unsichtbar berührt, heim= lich ein Gondellied dazu.« Aus diesen Versen ist das ganze Lied zur Barcarole geworden; der Beginn fast eine abgelauschte Serenata von den Lagunen, später eigenwil= liger, auch musikalisch im Bann dieser großen Haltung und Einsamkeit. Ein Sommernachtslied von Bierbaum ist schon weit typischer, und das Morgenständchen des= selben Bierbaum muß man auch als Lied hingehen lassen. Dehmels Wiegenlied »Bienchen, Bienchen wiegt sich im Sonnenschein« weicht Vergleichen mit anderen Ver= tonungen sehr fein aus, indem es versucht, das Schlichte des Gedichts zur Weise werden zu lassen. Auch der Duft eines Spruches von Rilke ist eingefangen, darin die Liebe als Glück mit gefalteten Schwingen an einer blühenden Seele haftet. Aber schon nahen, immer aufwärtsleitend, reifere Werke, die drei zweistimmigen Gesänge in Kanon= form, Opus acht. Welch guter Gedanke, Nietzsches Mai= lied, aber besonders Dehmels auf solchen Zwiegesang geradezu weisendes Gedicht »Herr und Herrin«, das bleibende, ruhende, und Goethes »Wechsel«, das beständig fließende, zwei Stimmen zu übergeben, daß sie es nach alt gelehrter und behend erneuerter Form, eine der anderen genau folgend, sängen! Aber »Herr und Herrin« flicht auch die Worte, die so lieb und feindlich sind, wie Mann und Weib, ineinander und bildet so aus Sinn und Weise eine einzige gehämmerte Form, deren eherne Schönheit gegenwärtig bleibt. So stehe sie als ein Zeichen in diesem kleinen Buch!

Ähnlich wie hier ist in dem größeren Werke »Ver= klärte Nacht« das Wort Dehmels für zwei Stimmen, dies= mal mit Orchester, gestaltet. Dieses Opus neun, in dem sich der Klang einer tieferen Frauenstimme zu dem einer hohen Männerstimme gesellt, ist die Beichte und Ver= gebung der zwei Menschen. Ein liebessehnsüchtiges Auf= wärts der Holzbläser und dann der Streicher leitet zu dem Bekenntnis: »Ich trag ein Kind und nit von dir«. Das steht in der reinen Nacht da und zwischen Herr und Herrin, ein Erdenrest des früheren Lebens. Dur. Der Mann: »Du hast den Glanz in mich gebracht, du hast mich selbst zum Kind gemacht.« Alle Freude steigert sich und der Trost des Mannes dringt ins volle Orchester, das in lauten Tönen den Frieden, die Verklärung preist. Es sind die gleichen, großen, immer neu zu bewundern= den Verse, denen das Streichsextett von Arnold Schönberg folgt. So entzünden sich neue Lichter an dem einen Licht.

Ein merkwürdiges Werk steht noch vor dem »Trun= kenen Lied«, ein Präludium mit Doppelfuge für großes Streichorchester Opus zehn. Die tiefen Instrumente

24

breiten in der Schicksalstonart C‐Moll im Einklang die
ersten Takte aus. Geigen schlagen in vollen Akkorden
einen Marschrhythmus nach. Gleich darauf wird über
der ruhenden Tonika das eine Fugenthema angedeutet
und schon beginnt das nachahmende Spiel. Noch zwei‐
mal wiederholt sich der Anlauf, aus dem langsam im
gedämpften Orchester beide Fugenthemen erwachsen.
Die Durchführung hastet vorbei. Erst knapp vor dem
Ende werden die Dämpfer abgenommen, ein plötzliches
erstes Forte leitet in die tief liegende Dominante; kurze
Bewegung, das erste Thema führt zu einem starken Auf‐
schrei; verminderter Leitton‐Septakkord von G. In einem
langsamen, leisen Takt noch einmal das erste Thema, und
das undurchdringliche C‐Moll ist wieder erreicht. Viel‐
leicht hat dieses Stück eine Art Programm und die Anregung
Bekkers, es als Einleitungsmusik zu einem der geheimnis‐
vollen Spiele Maeterlincks in der Art des Intruse wirken
zu lassen, scheint ein Fingerzeig des Werkes und vielleicht
sogar des Komponisten. Jedesfalls möchte man den
herben Klang dieses Streicherchores gern hören.

Alles dies war geschrieben und manches davon ver‐
legt, aber die wenigsten wußten von Oscar Fried. Noch
lebte er fern in einem kleinen Kreis. Da verbreitete sich
die Kunde, daß er sein größtes Werk, sein Trunkenes
Lied, aus der Sprache Zarathustras kommend, beendet
hatte. Georg Simmel war Helfer und Berater für die Wahl
der Worte gewesen. Und abermals erstand ein Förderer,

Karl Muck. Er bewirkte, daß die Wagnervereine Berlin-Potsdam die Aufführung übernahmen; er probte und dirigierte. Chor und Orchester fanden große Schwierigkeiten, ließen sich aber nicht abschrecken, und die beiden Vereine hatten das Verdienst, ein Werk zu ehren, das würdig war, eine Tat getan, ein Menschenleben in sein Recht gesetzt zu haben. Denn dieser fünfzehnte April des Jahres 1904 brachte die Entscheidung. Seither glaubte man an Fried, glaubten alle an ihn, nicht bloß die Bekannten und Kenner, und nun sollte ihm der Weg um Vieles leichter werden. So ergab es sich, daß der ruhelos Wandernde nicht ohne Sinn seßhaft geworden war; zu seiner Zeit war er nach Berlin, auf heimischen Boden gekommen.

Ein junger Mensch also, der schon über die Dreißig hinaus ist, hört an diesem Abend Wagners Faust-Ouvertüre und den Liebestod (denn man kann es nicht lassen, Szenen aus den Dramen noch immer im Konzert aufzuführen) und bangt dem eigenen Werk entgegen. Auf dem Podium harrt das Philharmonische Orchester mit dem Lehrerinnen-Gesangverein und einem Teil der Berliner Liedertafel, harren Emmy Destinn und Paul Knüpfer als Solisten. Muck gibt das Zeichen. Erregt lauscht das Publikum, von Gerüchten und Sensationen gestachelt. Unerhörtes im Ausdruck, getürmte Schwierigkeiten sollen gewagt sein; und von einem Unbekannten. In den Proben hat man, so heißt es, erst gelacht, dann gelernt, zuletzt verstanden. Da löst sich nach einer düsteren Ankündi-

26

gung tiefer Bläser zu schummerigen Bratschen das bedäch‹ tige, rufende Thema, leise, im Baß der Hölzer und in den Streichern (gezupft). Noch einmal die Verkündigung, durch Posaunen und Tuba gestärkt, und schon lockt die ernste Stimme Zarathustras: »Kommt!« Denn ihm ist die Stunde erschienen, in die Nacht zu wandeln. Ihm, dem Seher auf der Höhe der Vollendung, dem Trunkenen, der mit seinen höheren Menschen das Eselsfest gefeiert hat, dem die Mitternachtsglocke raunt. Die höheren Menschen sprechen im Chor nach. Wieder der Seher (und alle sind nicht mehr im Saal, sondern in der Land‹ schaft Zarathustras); er rührt an die Geheimnisse der schrecklichen, heimlichen, »herzlich redenden« Nacht. Streicher, dann Holzbläser beginnen eine Doppelfuge. Bedeutungsvoll mahnen die Stimmen des Chors. Canon, gleichfalls mit dem leitenden Motiv »O Mensch, gib acht«. Nur Pauke und Harfen sind zu hören. Ein Auf‹ schrei: die Welt schläft. Neuer Riß durch das Orchester. »Wer soll der Erde Herr sein?« Die höheren Menschen fragen es fast schreiend, über den eigenen Schrei erschrocken, bald ganz stark, bald geflüstert. Ein neues Motiv. Das synkopische Wühlen legt sich. Harfe und Chor leiten über. Kühle Mondnacht. Der seufzende Wind schweigt. Aber bald, nach neuer verzweifelter Abwehr ist »alle Lust vorbei«. Die Stimmen flüchten und jagen. Über dem Sextakkord von A stürzen Holzbläser und Bratschen chromatisch abwärts, in leeren Quinten

flüstert, stammelt der Chor die Worte von den mahnen=
den Gräbern. Posaunen rufen. »Weckt die Leichname
auf!« Unter Schwingen und Schwirren »naht die Stunde«.
Eine schauerliche Stunde. Aber »die Welt ist tief«, es
wird ruhiger; nur die Pauke hämmert leise. C=Dur. Hörner
tragen einen Gesang, er wendet sich nach Des und dort
erklingt das Motiv des Liedes »Heiterkeit, güldene komm«
(aus Opus fünf) zu den Worten Zarathustras an die süße
Leier: Rosenseliger, brauner Gold=Wein=Geruch von
altem Glück quillt herauf. Und die Stimme endet; tiefer,
als der Tag gedacht. Sanft wendet sich Zarathustra gegen
den plumpen Tag, denn seine Welt ward eben vollkommen.
Frauenstimmen singen, vierfach geteilt zu vieren: »Gottes
Weh ist tiefer . . . Was bin ich?« Ein Sopran allein:
»Eine trunkene, süße Leier«. Das wiegende Motiv rankt
sich wieder auf, dann drängt der erste Gedanke vorwärts.
»Lust, wenn schon Weh tief ist, Lust ist tiefer noch als
Herzeleid.« Frauenstimmen und Bratschen singen es im
Kanon und ein neuer Kanon in der Quart zwischen einer
Alt= und einer Baßstimme (von einer Bratsche und einem
Cello unterstützt) predigt die Erkenntnis des Weinstocks
von Lust und Weh, von Sehnsucht und Reife. Orgel=
punkt auf Des. Der Kanon schreitet mit versetzten
Stimmen fort: »Weh spricht: vergeh«. Aber »Weh
kommt zurück, denn alle Lust will Ewigkeit«. Mit immer
größerer Wärme ruft es der Baß hinaus. Das Orchester
schwillt an, die Farbe der Trompeten mischt sich hinein,

bis daß die Aufforderung, Zarathustras Rundgesang, das Lied von der ewigen Wiederkehr, zu singen, Stille gebietet. Dann beginnt mit den Themen der Orchester=Doppel= fuge zu Anfang des Werkes eine Chordoppelfuge zu acht Stimmen: »O Mensch, gib acht! Was spricht die tiefe Mitternacht?« Dann über einem tiefen H »Ich schlief. Aus tiefem Traum bin ich erwacht.« »Erwacht.« Ein Riß nach Dur. Stolz vom nahen Sieg wölben sich die Schlußverse. Noch spricht ein einzelner Alt. Noch fügt das Orchester die Teile des Ganzen zusammen, Hörner und Trompeten tragen ihre vollere Zuversicht hinaus, leise hohe Geigen lösen den Ungestüm des ersten Motivs in die Vollendung.

Der Lauschende erwacht. Sein Werk hat gesiegt, wie selten eines, und alle, die gekommen waren, es zu hören, haben Begeisterung und Glauben gewonnen. War es, weil sie die Persönlichkeit des Mannes ahnten, der als Schöpfer über seinem Gefüge stand, weil sie wußten, wovon ihn dieses Werk erlöste oder weil sie einer da angefaßt hatte, wo auch der Nüchternste und auch in der Stadt der Tüchtigkeit wehrlos ist: hatte dieser Gesang Zarathustras metaphysische Bedürfnisse erkannt? Viel= leicht, wenn man ihn verstanden hat. Wie immer, hier war ein Bekenner, ein Ehrlicher, ein Sucher und vor allem ein Könner. Und er hatte gerade das gekonnt, was vieler Sehnsucht war, er hatte einen feurigen Geist neuer Inbrunst, neuer Religion, mochte sie das Innerste dem altgeglaubten oder einem anderen Gott verbinden, in die heiligen Bahnen der Musikerüberlieferung geführt. Hier war, sagt Bekker, das geistliche Chorwerk einer Zeit, der die Formen der Kirche nicht mehr genügten. Er hat recht. Und doch, das eine möchte ich annehmen: daß das Geheimste eines eingekerkerten, in sich selbst bis dahin eingeschlossenen Geistes, wenn er sich nun losringt, so gewaltig wird, daß in dem Augenblick, da der Erlöste mit seinem Werk vor sich steht, alle der Erschütterung des einen erliegen. Das »Trunkene Lied« bleibt uns in der Geschichte ein großes Gut; an jenem Apriltag aber und für die kommenden Jahre siegte Frieds Zukunft selbst über seine Vergangenheit, und in diesem Geheimnis, dem Geheimnis der Verheißung, scheint mir noch heute dieses Werkes größter Wert für die Gegenwart und seine höchste Weihe zu liegen. Die Ergriffenheit, die wir dem Künstler Fried danken, hier ist sie nach seinem eigenen Wesen am deutlichsten geformt.

Und so groß war das Gewicht des Ereignisses, daß Fried fortan allen als Kraft gegenwärtig war, nicht mehr nur für einzelne und Zirkel, sondern, viel mehr, im Bewußtsein einer Stadt, die kein Liegen und Besitzen, kein Absterben duldet. Hier brauchte einer nur die Mittel, um er selber zu werden. Und die Mittel wurden ihm. Nahe, ganz nahe starb ein früher doch blühendes Leben. Gernsheim gab den Sternschen Gesangverein auf. Vorher hatte ihn Max Bruch geführt. Akademie, sagen die Chronisten. Und der Lebendige weiß, daß nichts schlimmer wird als Tüchtigkeit nach einigen Jahren. Man meinte, Fried werde helfen können. Im Herbst 1904 übernahm er den Verein, ein Wagnis auch für andere, geschweige denn für den Mann, der nie und erst recht keinen Chor dirigiert hatte. Aber nun erwachte der Führer und zunächst, wie es in solchen Dingen immer sein muß, der Reiniger. Die Grobheit seiner Proben wurde zum Gespräch. Die Dilettanten, also die Leute, die nur zum eigenen Vergnügen singen, die ihr bißchen Begabung für unfehlbar und für erhaben über Arbeit und Zucht erachten, Dilettanten aller Arten flohen. Welche Freude für einen Herrscher, zu säubern! Welche gefährliche Freude! Das Leben Gustav Mahlers ist davon verzehrt worden. Aber Fried war in keinem Theater; das wird ihm gegen das Alter hin nützen. Den ganzen Winter wurde hart gearbeitet. Endlich, im März, wagte sich das Konzert hervor, die »Heilige Elisabeth« von Liszt. Alle versicherten, der Verein sei nicht wieder zu erkennen, alle nannten es einen Sieg des Geistes über das Handwerk. Und von da an war dieser Chor wieder eine Kraft. Seine Aufführungen der »Jahreszeiten«, der Altrhapsodie von Brahms, der Chorphantasie von Beethoven (mit Conrad Ansorge am Klavier), seine Mendelssohn-Feier mit dem »Lobgesang« und der von Fried und Messchaert ins Große gereckten »Walpurgisnacht« waren Zeichen und Taten. Immer ließ der Dirigent auch das Orchester allein

sprechen; und wäre das nur für ihn eine Notwendigkeit ge=
wesen, damit er Übung gewinne, so hätte er recht ge=
habt. Bald wagte er den »Eulenspiegel« von Richard
Strauß und krönte seinen Mut, als er nach der Neunten
Symphonie Beethovens griff. An einem Abend nach
Liszts Graner Messe brauste sie hinan, ein so wesenhaftes
Erlebnis für Mitwirkende und Hörer, daß es den Diri=
genten da festhielt, wohin es ihn, hoch über sich hinaus,
getragen hatte. Manches, was geprobt und ausgearbeitet
war, wie die Passionsmusik nach Johannes, kam nicht
vors Publikum und hier wurden die erhabenen Choräle
groß und zart, daß man es dem draufgängerischen Diri=
genten nie so zugetraut hätte. Später wiederholte Fried
sein »Trunkenes Lied« und fügte die Appalachia von
Delius hinzu.

Schon hatte sein eigenstes Werk, die große Arbeit für
Lebende, begonnen. Man hatte ihm die Neuen Konzerte
der Konzertdirektion Léonard übertragen. Gleich das
erste wurde ein Triumph des Mannes, der am achten
November 1905 vor dem Philharmonischen Orchester
stand und zum zweiten Male überhaupt dirigierte. Nach
der Choralkantate »O Haupt voll Blut und Wunden«
von Reger und zwei Liedern von Liszt wurde die Zweite
Symphonie von Mahler gespielt und damit für Berlin ge=
wonnen. Oskar Bie schrieb über den »niederschmettern=
den« Eindruck: »Unmusikalische Menschen wurden
gläubig, Gegner der modernen Musik ihre Propheten«.

Mahler selbst war von Wien gekommen und hatte die Leitung nicht begehrt. Ja er sagte Fried, das Scherzo würde er nicht so getroffen haben. Diese Anerkennung des bewunderten und verehrten Meisters wurde Frieds großer Stolz. Nun war er anerkannt und von einem, dessen Anerkennung ihresgleichen nicht hatte. So ging es weiter. Im zweiten Konzert kam — Schuberts Symphonie in H-Moll stand am Anfang — Frieds »Verklärte Nacht«, hernach Lieder von Mahler. Im dritten und letzten folgte allein Beethoven: die Dritte Leonore und die Fünfte Symphonie. Die Neuen Konzerte hörten auf. Nur einmal trat Fried in einem eigenen Konzert für seinen Mahler ein mit der Sechsten, auch in ihren Geschicken tragischen Symphonie.

Max Reinhardt ließ ihn den »Orpheus« von Offenbach dirigieren. Für Reinhardt ist auch die Musik zu Hofmannsthals »Oedipus und die Sphinx« geschrieben, Klagelieder um den Tod des Laios, von fernen Frauenstimmen gesungen, eine Ergänzung, ein Sicheinfügen in das akustische Bild der Szene (Max Marschalk). Und schon hatte Fried in Petersburg dirigiert und auch dort mit der Zweiten Symphonie Mahlers gewonnen und gesiegt. Wien hatte das »Trunkene Lied« gegeben, in München führte Mottl das Streicherpräludium auf, Dresden hörte eine Schauspielmusik (zu Eberhard Königs Drama »Saul«). Aber 1906 wurde in Bremen das neue »Erntelied« aufgeführt.

Nach dem »Trunkenen Lied« sind nur mehr wenige Werke Frieds entstanden, noch weniger gedruckt worden. Man versteht, daß er sich der Komposition von Chören zuwendet. Drei Frauenchöre a cappella sind zu Opus zwölf vereinigt. Die Gedichte sind von Mörike: »Er ist's« (»Frühling läßt sein blaues Band . . .«), Gottfried Keller »Abendlied« und Evers »Nachtgeschwätz«. Die vier Stimmen sind aufs zarteste harmonisch, sehr fein und behutsam geführt und verbinden sich zu eindrucksvoller stiller Wirkung: in allen drei Chören kommt kaum ein rechtes Forte vor, und ihr Bestes geben sie, wo sie flüstern, wie im »Abendlied« an der Stelle: »Fallen einst die müden Lider zu«. Da ist dieses Flüstern von einem erhabenen Rätselgedanken Musik geworden. Für Frauenchöre zu vier Stimmen mit Begleitung der Violine und einer Harfe ad libitum ist das »Lied der Mädchen« von Rainer Maria Rilke als Opus vierzehn komponiert. Auch hier ist die Schönheit des Klanges fast Zweck, aber keine süßlich schwelgerische Schönheit, wie sie als Folge harmonischer Simplizität früher hie und da entstanden war, sondern ein fester gegründeter, reiferer Wohllaut. Und wahre Einfachheit ist in den drei Liedern zu alten Volksweisen, die das Opus dreizehn bilden, ausgedrückt.

Ein Werk von echtem und starkem Pathos, der wunderbaren Dichtung Richard Dehmels würdig, ist das »Erntelied« Opus fünfzehn, die letzte vollendete und verlegte Komposition Frieds. Man darf sagen, daß sich ihm die aufrührerische Vision Dehmels wider die beste aller Welten, wie sie jetzt besteht, auf eine fast elementare Weise zu Musik gestaltet hat. Elementar der Wucht und der Einfachheit nach. Das Ganze ist nur ein Strophen=lied zu einer ostinaten Tonfolge, von einem Männerchor unisono gesungen. Ein großes Orchester begleitet. Der Gesang ruht auf einem Orgelpunkt aus Grundton und Quint von C=Dur und hält bei »unaufhaltsam stampfen=der Bewegung« starr an der Tonart fest. Die ostinate Figur ist zudem, was die wilde, anarchische Eintönigkeit noch steigert, ein unaufhörliches Nacheinander von Quinten. So stürmt der Gesang dahin und schürt mit seinen Worten das Orchester nach jeder Strophe gleich=sam zu immer heftigerem Aufruhr. Zuletzt bricht es wie ein Orkan los: »Es fegt der Sturm die Felder rein, es wird kein Mensch mehr Hunger schrei'n.« Und dann noch einmal der Kehrreim, der jene Figur in den Gesang ein=geführt hat: »Mahle, Mühle, mahle!« Im lautesten Toben der Instrumente wendet sich das Stück nach F und läßt, wie in symbolischer Abkehr, einer neuen Zeit, einem lang=erhofften Glück den roten Morgen blasen. Es ist schon ein Kampflied für solche geworden, die noch trotzen und gewinnen können, und es dankt seinen Ursprung einer plötzlichen trotzigen Bewegung seines Dichters, der andeuten wollte, wie er sich eine Musik zu seinen Worten denke. Fried sah die Bewegung, und das Werk stand vor ihm.

Im Herbst 1907 begann eine neu begründete »Gesell=
schaft der Musikfreunde« ihre Tätigkeit. Sie sollte alte
und neue, sonst zu wenig gewürdigte Kunst pflegen,
Orchesterwerke und Kammermusik aufführen. Zur
Gründung hatten Männer wie Professor von Liszt, Leyden,
Muthesius aufgerufen. Die Orchesterkonzerte leitete
Fried und leitet sie seit nunmehr vier Jahren. Was er
in dieser Zeit für Berlin nur durch seine Programme
gewirkt hat, ist schon heute Geschichte. Er begann mit
der großen Symphonie »Gloria« von Nicodé, dirigierte
Beethovens Neunte Symphonie, brachte die Phantastique
von Berlioz und »Lelio«, die Fortsetzung der »Episode
aus dem Leben eines Künstlers« zusammen an einem
Abend, indem er damit auch die erste deutsche Auffüh=
rung des »Lelio« bot. Eine szenische hatte Professor
Sternfeld in Berlin, immer mit dem Blick auf Weingartner,
vergebens gefordert. Es folgte eine Symphonie von
Borodine, ein Klavierkonzert von Delius, Busonis Or=
chestersuite »Turandot». Im zweiten Jahr außer anderem
der Faust von Berlioz, eine Symphonie von Scriabine, der
»Paulus« von Mendelssohn, das »Erntelied«, symphonische
Kompositionen von Hausegger, Andreae und Metzl,
die Trauersymphonie von Haydn. Im dritten ein Orgel
präludium von Klose, eine Orchesterphantasie von Rubin
stein, die »Toteninsel« von Rachmaninoff, das Chorwerk
»Aussöhnung« von Ansorge, Verdis Requiem, die Nacht=
musiken aus Mahlers Siebenter Symphonie, Frieds Streicher=

36

präludium, Granville Bantocks »Pierrot« und »Die Moldau« von Smetana. Die Neunte Symphonie Beethovens wurde in diesem und im vergangenen Jahre je einmal gespielt. In der letzten Spielzeit endlich, von 1910 auf 1911, hörte man die Impressions d'Italie von Charpentier, den »Harald« von Berlioz, den ersten Aufzug von Pfitzners »Rose vom Liebesgarten«, wobei Fried, da ihm ein Sänger in letzter Stunde absagte, eine kleine Stelle an seiner statt selbst andeuten mußte, die Siebente Symphonie von Mahler, die auf ein wahrhaft schauerliches Unverständnis bei mancherlei »Berufenen« traf, ein neues Werk von Paul August von Klenau, die Ouvertüre »Carneval Romain« von Berlioz, das entzückende, so wenig bekannte Konzert von Mozart für zwei Klaviere in Es, und, gleich zu Beginn des Winters, die symphonische Dichtung »Pelleas und Melisande« von Arnold Schönberg, womit ein vor Jahren bei der einzigen Aufführung in Wien verhöhntes und seither gemiedenes Meisterwerk einen mitreißenden, zukunftbegründenden Erfolg gewann.

Er, der soviel und noch anderes in die Zeit von vier Jahren zusammengedrängt hat, verdient die Bewunderung und die Liebe. Eine Stelle, von der aus er ruhig und mit Mitteln versehen hätte wirken dürfen, eine solche Sicher=heit hätte er auch verdient. Aber nur einmal geschah ein Versuch, 1908, bei der Einrichtung des Blüthner=Orchesters. Da sollte er im Winter vierundzwanzig Symphoniekonzerte an Sonntagen leiten. Bald wurde aber die getroffene Einteilung geändert und Fried mußte immer mehr Zeit an seine russische Tätigkeit wenden, die sich mit seinen Erfolgen steigerte und ihm außer der Ehre auch das so nötige Entgelt einbrachte. Seit er 1906 Petersburg und Moskau im Sturm gewonnen hatte, wollte man ihn dort in jedem Winter sehen und so sollte er auch im letzten mehrere Monate in Petersburg, Moskau, Odessa und Kiew Aufführungen leiten. Da trat jenes geheimnisvolle Ereignis ein, nach dem er zurückkehren mußte. Er selbst berichtet darüber im »Pan«:

»Merkwürdiger Vorgang. Man wird der Majestätsbeleidigung angeklagt. Man soll den Kaiser von Rußland beleidigt haben. Warum? Weil man eine vierte Probe zur Neunten Symphonie braucht! Dieser Zusammenhang ist wenig klar — nicht?

Ich verhandelte wegen der vierten Probe mit zwei Musikern des Orchesters — von denen der eine mir deutsch das übersetzte, was der andere mir russisch zu sagen hatte. Ein dritter soll, hinter einer Säule versteckt, diese Verhandlungen mit angehört haben (ich habe den geheimnisvollen Dritten nie gesehen). — Die Anklage wegen Majestätsbeleidigung ist ihm zu danken.

Dieser versteckte Musiker, offenbar für seinen Beruf mit besonders feinem Gehör begabt, will folgendes vernommen haben: »Alles in Rußland ist käuflich — sogar der Kaiser.« Die anderen zwei bestätigten es gern.

Ich hatte gesagt, ganz harmlos: »Eine vierte Probe

ist eine Geldfrage — und auch in Rußland ist doch für Geld alles zu haben.« Ein Satz, der unanfechtbare Wahr‍heiten enthält.

Wenn ich diesen mißverstandenen Satz nicht ge‍sprochen hätte, wäre alles gut; ich dirigierte weiter in Petersburg, Moskau, Kiew und hätte Erfolg, Ruhm, Geld .

Statt dessen werde ich fortgerissen aus einem Lande, dessen Volk ich liebe, da es wie kein zweites den Künst‍ler ehrt — und mit Herzlichkeit ihm eine zweite Heimat bietet. Warum in aller Welt sollt' ich dieses Volk be‍schimpfen?

Auffallend bleibt eins: daß man etwas vernimmt, was ein anderer nie gesagt, — und dies Vernommene so rasch   verwerten konnte, daß aus einer gleichgültigen Bemerkung eine große politische Affäre wurde.

Man staunt über diese Geschicklichkeit . . . Vivat der Wettbewerb! . . .«

Man muß aber nicht glauben, das nur das Was von Frieds Arbeit die Geister zu ihm zog; mehr noch eroberte und fesselte sie ihr Wie. Der Dirigent Fried zählt heute zu den Ersten, und er ist ohne Schule, ohne Überlieferung geworden. Es versteht sich, das er gewachsen und nicht fertig an sein Amt gekommen ist. In diesem Amt ver‍langt das Handwerk, die Fertigkeit, die Technik ihr Recht, und hier ist Lernen und Üben die Voraussetzung aller Entfaltung. Es ist wunderbar genug, daß sich Fried gleich am Anfang seiner Tätigkeit zwei Aufführungen wie die »Heilige Elisabeth« und die Symphonie Mahlers errungen, ja ertrotzt hat. Was die Musiker im Joch der Gewohnheit Routine nennen, mußte er erst ertasten und, wie es die Art solcher Menschen ist, unter Schmerzen gewinnen. Seine fiebernde Hast, seine zuckenden Bewegungen, sein Überschwang deutete auf den Unbeherrschten, Besessenen, und er gab sich keine Mühe, es zu verbergen, daß er noch nicht Herrschender war. Wütend erkannte und gestand er seine Mängel, wenn sie sich auch bloß bei Proben zeigten. Nur wußten alle, die dann lächeln wollten, wie sehr er der Mann war, sein Wort (dieses »Warten Sie nur, ich kriege es noch!«) mit Willen und Wirklichkeit zu erfüllen.

Noch durfte ihm ein Kritiker vorwerfen, daß er imstande sei, durch seine Auftaktzeichen selbst das Philharmonische Orchester zu verwirren. Heute sind ihm dort die strengsten Spieler ebenso untertan wie die singenden Chöre; und wenn seine Bewegungen auch noch jenes Maß nicht kennen, dem sich sein Vorbild Mahler gefügt hatte, so hat er doch die Ruhe jener großen Musiker, die nicht nur Dirigenten sondern auch Leiter, nicht nur Mitstrebende sondern Führer und zwingende Führer sind.

Denn dieses Amt des leitend Herrschenden ist heute mehr als je Beruf, wie es andere Berufe gibt. Die Nutznießer des Handwerks entscheiden, da ja die geniale Erscheinung nicht nur, wie auch sonstwo, selten, sondern hier schon Ausnahme ist. Man lasse sich von den täg lichen Berichten und Rezensionen über herrliche, uner# hörte oder sonst adjektivisch verrenkte Leistungen nicht blenden. Wie sollte der die Tätigkeit des Mittlers wür# digen, den das Werk, ja das Wesen des Werkes nur von außen stößt? Wären nämlich die Menschen, die in der Musik wirken oder ihr selbst nur ergeben zu sein meinen, wahrhaft ihrer und damit des allerhöchsten und reinsten Geistes, so stünde es nicht nur um die öffentliche und private Übung der Kunst fast in allem anders, sondern die lieblosen Ordnungen und die Niedertracht aller Orten wäre nicht möglich. Wohl hätten wir, um nur vom Einfältigsten zu sprechen, einige Dutzend Größen weniger und manches Kind würde sich seiner Kindheit freuen, statt mit den jämmerlichsten Äußerlichkeiten irgendeines Instruments durch elend versklavte Lehrer gequält zu werden; ästhetischen und kritischen Schwätzern wäre es unmöglich, lange Weile und Stank zu verbreiten; und Musik wäre kein kapitalistischer Massenbetrieb mehr und der einzelne hätte bei sich, in sich für das Erhabenste, das ihm auf dieser Stufe seines Daseins werden kann, Raum und Zeit. Utopien? Nun wohl! Es sei gestattet, utopisch und in Gleichnissen von den höchsten und letzten Dingen zu reden. Oder doch zu bekennen: daß dem Wissenden Musik und Welterlebnis eins sind. Das ist keine neue Kunde; doch man muß, um sie zu ver#

stehen, zum Welterlebnis geboren und gereift sein. Musik ist Gnade und Berufung. Aber gibt es irgendein Schauen, Wissen und Können, das nicht Gnade und Berufung wäre? Nur daß wir in der Musik vom Schauer der Offenbarung am stärksten ergriffen sind; daß dem Verstehenden die Einheit von Inhalt und Form nie so faßbar und deutbar ins Bewußtsein kommt. Diese Einheit zu zeigen, ist das Lehrbare in der Musik. Und Wagner hat es, Schopenhauers Erkenntnis in die Tat umwandelnd, gezeigt, in einer Zeit, als sich das Widerspiel des Echten auch in der Kunstübung zum Siege zu drängen begann. Er hat es als Lehrer und als Leiter gezeigt. Des Leiters Werk aber ist, durch seine seherisch-hypnotische Kraft den Spielern und Hörern seine Erkenntnis von jener Einheit aufzuzwingen. Aus solcher Einsicht erklärt sich die Macht des Dirigenten Wagner, die Macht und Würde des Dirigenten nach ihm und seit ihm.

Die Einheit, das Leben der Musik und die Musik des Lebens, gibt sich im Melos kund. Es zu erspüren und im richtigen Maß nach Zeit und Raum zu gestalten, ist die Aufgabe des Dirigenten. Sein Sehertum ist Grund, Mittel und Ziel. So bildet er, jeden einzelnen über sich hinaus reißend, so formt er erst das große Werk. Alle Notenschrift ist Zeichen; im Melos und in seinem Klang erst wird sie lebendig. Das Melos und damit das Zeitmaß schenkt sich dem Rechten. Manche wollen es auszählen und

42

berechnen. Manche glauben es zu erlernen oder erlernt zu haben. Die besitzen es nicht. Der Vortrag einer jungen Sängerin gefiel einem berühmten Dirigenten. Als er sie aber fragte, von wem sie die so wichtigen Zeitmaße gelernt habe, war die Sängerin erstaunt und sagte, sie habe immer geglaubt, man müsse so singen, wie man fühle: und da gäbe es doch keine unrichtigen. Der berühmte Dirigent schüttelte den Kopf.

Sie schütteln oft den Kopf, die berühmten Dirigenten. Und manch einer wiederum schüttelt den Kopf zu mancher Berühmtheit. Aber ich möchte lieber sagen, wie ichs meine, und nicht, was ich nicht gemeint haben will. Das Glück, den Dirigenten Wagner erlebt zu haben, ist uns Jüngeren nicht mehr geworden. Aber wir haben das schönste Zeugnis davon in seiner Schrift »Über das Dirigieren«. Wenn ich mich nun nach meinen Erfahrungen frage, wer den Forderungen des Meisters am reinsten Genüge getan hat, so finde ich in mir die Antwort: Gustav Mahler. Er war das große Erlebnis einer jetzt abgeschlossenen Zeit, und in der leuchtenden Glut dieses Mannes lernten wir die jüngste und die fernere Vergangenheit verstehen, lernten eine Zukunft ahnen. Die magische Größe der Empfindung, die Fähigkeit, jede Linie des Melos wahrzunehmen und mit sicherer Hand zu zeichnen, die Gewalt, in jedem Augenblick den Bann einer Lebensoffenbarung um uns auszubreiten, das war Mahlers von allen, die dem Daimonion folgten, gefühlte, erfahrene, erlittene Größe im Geiste Richard Wagners.

Als einen Schüler Mahlers, Schüler aus einer Schicksalsfreundschaft, darf man Fried erklären.

In ihm wirkte Mahlers Beispiel in die Ferne. Hatten Bruno Walter, Alexander von Zemlinsky, Artur Bodanzky aus der Nachbarschaft des Führers gelernt, so brachte Fried, als er den verehrten Mann kennen lernte, so viel Ähnliches und Echtes mit, daß sich ihm die Nachfolge, die Arbeit in seinem Geist über alle Grenzen hin alsbald ergab. Nur war es, wie sich das für jede Nachfolge Mahlers von selbst versteht, die Nachfolge eines Eigenen. Die Richtung des Dirigenten Fried, sein Weg war gegeben; der ihn ging, schritt sicher ins eigene weite Land.

Und darum, weil dieses Dirigieren für Fried jedesmal ein intuitives Erlebnis wird, in der Art, wie ich es zu umschreiben versuchte, darum ergreift es auch den Miterlebenden mit solcher Wucht. Doch habe ich sie in der großen Stadt nie so sehr empfunden wie einmal, ganz abseits von den Wanderungen des reisenden Enthusiasten, in dem kleinen Städtchen Forst in der Lausitz. Dort leitete Fried noch vor kurzem zwei oder drei Konzerte im Jahr, zu denen er von Berlin hinüberfuhr. Eines davon samt den Proben habe ich gehört. Im Orchester saßen Schüler und Dilettanten, nur einige Mitglieder der Berliner Philharmoniker hatte man kommen lassen. Der Chor bestand aus zwei Gesangvereinen. Wie er diese

sicher willigen, aber nicht sehr kundigen Menschen schulte
und mit sich fortriß, unermüdlich das Wichtige betonend,
an Zusammenhänge gemahnend, durch die Größe der
Aufgabe und die Lebendigkeit der Ausführung allein
schon ihren Alltag bekämpfend, das war überzeugend
und mußte es für jeden sein. So gelang die Ouvertüre
zu »Egmont«, die Altrhapsodie von Brahms und Mendels-
sohns »Walpurgisnacht« trotz allem Unzulänglichen
im Ausdruck so, wie manche Aufführungen der Haupt-
stadt nicht gelingen. Und Fried hatte das Bewußtsein
für sich, über die Eintönigkeit der Fabriken und ihrer
Menschen einen Schimmer von höchstem Licht gebreitet
zu haben. Die Freude dieser Menschen aber, die so
mutig gewollt und gewagt und so feurig mitgeholfen
hatten, war groß.

Die Möglichkeit, solche Freude zu wecken, und die
Gewißheit, sie in sich zu haben, das ist das Gut und das
Glück des Künstlers. Er darf, ein Sehender, sehend
machen, er darf sich, ein Führender, dem führenden
Schicksal hingeben. »Nur [ein Künstler kann den Sinn
des Lebens erraten,« sagt Novalis, zu dem es uns hier
zurückleitet. Das ist Frieds Glaube. Dieser Sinn, dieses
Schicksal aber ist Wachsen und Werden. Noch einmal
Novalis: »Alles ist Samenkorn.«

Auch der Mensch im Künstler wächst, und sein
Altern ist, wenn ihn das ewig gleiche Feuer durchglüht,
nur Schein. Fried fühlt sich, der Vierzigjährige, noch im

Wachstum. Die Langsamkeit dieses Reifens war kein Zufall. Das Karma seines Lebens, wie es bis heute ward, ist Verheißung. Mit jeder Erfüllung hat Fried mehr und mehr versprochen. Wir aber warten und glauben ihm; wir freuen uns seiner. Wir sind stolz auf ihn. Große haben uns verlassen. Scheu und verwaist wollen wir enger zu denen stehen, die reich vom selben Reichtum sind.

WERKE VON OSCAR FRIED

Opus 1: Drei Lieder (Firnberg, Frankfurt)

Opus 2: Adagio und Scherzo für Blasinstrumente (Breitkopf & Härtel)

Opus 3: Lieder (A. Deneke, Berlin)

Opus 4: Lieder (A. Deneke, Berlin)

Opus 5: Lieder (Bote & Bock)

Opus 6: Klavierstücke (Bote & Bock)

Opus 7: Lieder (Hainauer, Breslau)

Opus 8: Drei zweistimmige Gesänge (Hainauer, Breslau)

Opus 9: Verklärte Nacht (Dehmel) für Alt, Tenor und großes Orchester (Breitkopf & Härtel)

Opus 10: Präludium und Doppelfuge f. großes Orchester (Hainauer, Breslau)

Opus 11: Das trunkene Lied aus dem „Zarathustra" für Soli, gemischten Chor und Orchester (Hainauer, Breslau)

Opus 12: Drei Lieder f. vierstimmigen Frauenchor (Hainauer, Breslau)

Opus 13: Drei Lieder zu alten Volksweisen (Hainauer, Breslau)

Opus 14: Lied der Mädchen (Rilke) für Frauenchor und Violine (Hainauer, Breslau)

Winter 1911/12

Drei
zweistimmige Gesänge

in Canonform

für Mezzo-Sopran und Bariton

mit Klavierbegleitung

von

OSKAR FRIED.

Op. 8

No 1 Mailied (Nietzsche) Mk 1 50
No 2 Herr und Herrin (Dehmel) Mk 1 25
No 3 Wechsel (Goethe) Mk 1 50

BRESLAU,
JULIUS HAINAUER.

Herr und Herrin.

(Richard Dehmel)

Oskar Fried, Op. 8 N.º 2.

Umbrien (mit Ernst Diez)

Ein Wanderbuch. Das Land, sein Werden, seine Kunst

Verlag Hugo Heller & Co., Wien 1907.
Mit 7 Bildern. Haltbar kartoniert M. 2.
Das erste deutsche Buch über Umbrien

„. . . begleitet von reizvollen Bildern aus Italiens goldenem Kunstzeitalter, spricht da ein Text zu uns, der uns seit den Reisebüchern unserer besten Dichter fremd geworden ist . . . Es ist ein Gedichtbuch in Prosa, ein prächstiger „Führer" auf Künstlers Wanderschaft und ein Schatzkästlein reizvoller Erzählungen." Beilage zur Münchener Allgemeinen Zeitung.

Gustav Mahlers Erbe

Ein Beitrag zur neuesten Geschichte des deutschen Theaters und des Herrn Felix von Weingartner

Hans von Weber, Verlag, München 1908
Preis geheftet M. 1.

Hermann Bahr schreibt in seinem „Tagebuch" (Verlag Paul Cassirer), 1. November 1908: „Eine Schrift, „Gustav Mahlers Erbe", macht großes Aufsehen. Paul Stefan, durch sein feines Buch über Umbrien bekannt und unter den Musikern als Kenner geschätzt, hat sie verfaßt. Es ist ein Vergnügen, wie gut unsere jungen Leute jetzt schreiben. Kein Feuilletonisteln mehr mit flatternden Adjektiven, ein gelassenes, handfestes, sachliches Deutsch . . . . Sei jeder willkommen, der aufrichtig ist, eine Meinung hat und dafür einsteht, statt nach der aussterbenden Alt=Wiener Art nur immer um Personen zu zanken! Alles über Mahler und seine Leute, die Mildenburg, die Gutheil=Schoder und Roller ist vortrefflich. Es war die größte Zeit der Wiener Oper; ein ganz einziger Versuch, einmal ein Theater rein künstlerisch zu leiten; nur mit Bayreuth kann es verglichen werden. Mit treuem Ernst und einer schönen Dankbarkeit ist das hier dargestellt . . .

Ein Bild der Persönlichkeit in Widmungen mit der Mahlerbüste Rodins und Beiträgen von Gerhart Hauptmann, Hugo von Hofmannsthal, Hermann Bahr, Anna Bahr-Mildenburg, Gustav Klimt, Marie Gutheil-Schoder, Stefan Zweig, Julius Bittner, Georg Göhler, Richard Strauß, Max Schillings, Hans Pfitzner, Max Reger, Oscar Bie, Oskar Fried, Angelo Neumann, Max Burckhard, Carl Hagemann, Dr. Max Steinitzer, Ferdinand Gregori, Romain Rolland, Paul Dukas, William Ritter und anderen. Herausgegeben von Dr. Paul Stefan Vornehm geheftet M. 2.—. Luxus-Ausgabe (fast vergriffen) M. 20.— Verlag R. Piper & Co., München, 1910.

In dieser Veröffentlichung sagen Dichter, Musiker, Theaterleiter und Publizisten, jeder auf seine Art, was sie Mahler, dem Komponisten, dem Dirigenten und dem Reformator der Bühne, zu danken haben.

Paul Mittmann (Breslauer Zeitung): „. . . Das in seiner Art einzige und köstliche Werk packt widerstandslos; es wird uns unendlich lieb, weil es der gewaltigen Größe Mahlers so ganz gerecht wird."

Gustav Mahler

Eine Studie über Persönlichkeit und Werk

Zweite, ergänzte und vermehrte Auflage. Mit zwei Bildern, darunter der letzten Aufnahme Mahlers, und einer Faksimile-Partiturseite. Preis M. 2.—. Verlag R. Piper & Co., München, 1911.

Eine dritte, gänzlich veränderte Auflage erscheint Anfang 1912 Das Werk wird ins Französische und Englische übersetzt.

Aus den Besprechungen der ersten Auflage:

Ferdinand Pfohl in den Hamburger Nachrichten: „In einer ausgezeichnet geschriebenen Studie, von feinstem Stilgefühl und meisterhaft beherrschter Sprachinstrumentation getragen, voll von Liebe, Verehrung und Bewunderung, spricht Paul Stefan über Gustav Mahler, den Menschen und Künstler. . . . Das Buch, warm und glänzend wie es ist, berührt als schriftstellerische Leistung sehr sympathisch."

Dr. Walter Niemann in den Leipziger Neuesten Nachrichten: . . . die überzeugte, bedingungslos zustimmende Bekenntnisschrift eines hochkultivierten, fachlich musikalisch und allgemein gebildeten Ästheten von stilistisch feingeschliffener und anschaulicher Darstellungskraft und warmem, phantasievollem und durchaus künstlerischem Empfinden."

Printed by BoD™in Norderstedt, Germany